РАЗВИВАЙСЯ ВКУСНО

приготовь жизнь

Наталия Прокопчик
Иллюстрации Анастасии Желик

by NataWithKids
Лас-Вегас, Невада, США

Автор
Наталия Прокопчик

Литературно-художественное издание

Развивайся вкусно. Приготовь жизнь
Зимняя книжка (Книжка 1)
из серии «Развивайся вкусно»

© 2025 NataWithKids LLC. Все права защищены.

Ни одна часть этой книги не может быть воспроизведена
или передана в любой форме и любыми средствами —
электронными или механическими, включая фотокопирование,
запись или хранение в информационных системах —
без предварительного письменного разрешения издателя,
за исключением коротких цитат в обзорах и критических статьях.

ISBN: 979-8-9997729-7-8

Первое издание, декабрь 2025
Напечатано в Соединённых Штатах Америки

Иллюстрации и оформление обложки — Анастасия Желик
Верстка — Александр Дубасов
Рифмованные загадки и стихотворные тексты, использованные
в книге, взяты из общедоступных источников и находятся
в общественном достоянии. Автор не претендует на их авторство.

Издатель: NataWithKids LLC
Лас-Вегас, Невада
www.natawithkids.com

ЭТА КНИГА ПРИНАДЛЕЖИТ

Посвящается семьям с детьми, которые готовы превратить кухню в место тепла и вкусного развития.

А также Майклу Болей — маленькому кулинару и большому исследователю вкусов. Пусть каждый шаг твоих кулинарных приключений приносит тебе радость и удовольствие.

Содержание

Апельсиновые кексы 14

Апельсиново-клюквенные сконы 16

Лимонно-маковый кекс 20

Имбирное печенье «Ёлочка» 28

Плетёнка «Рождественский веночек» 40

Брауни «Ёлочка» 42

Шоколадные ёлочки 44

Песочное печенье «Веночки» 46

Шоколадное печенье с кракелюрами (трещинками) 52

Шоколадно-клюквенное печенье 58

Сердечко из слоёного теста 60

Ягодно-миндальный кекс 68

Зимний тропический кекс 77

⭐ А также 50 иллюстрированных страниц со стихами, загадками, темами для разговоров, вопросами для размышлений, лабиринтами и другими творческими заданиями.

⭐ Материалы для родителей — советы, подсказки и размышления о совместном с детьми приготовлении.

В маленьком уютном домике посреди снежного леса жили папа Медведь и мама Медведица. И были у них доченька Лили и сыночек Тобби.

Давай продолжим эту историю вместе!

Доброе утро!

Утром солнышко взошло.
Новый день нам принесло.
Ночь дарила нам покой.
Отдохнули мы с тобой.
Сильными и бодрыми
Этот день мы начали.

Как думаешь, в каком настроении проснулся Тобби? Чего он ждёт сегодня больше всего?

Водичка-водичка,
Умой моё личико,
Чтобы глазки блестели,
Чтобы щёчки краснели...

Тобби и Лили любят омлет на завтрак.
Представь, как они помогают маме его готовить — добавляют в него разные продукты, чтобы получалось вкуснее… Давай и мы попробуем одновременно двумя руками «поймать» одинаковые ингредиенты в правой и левой колонках!

Левая рука:	Правая рука:
огурец	брокколи
помидор	кукуруза
сыр	огурец
гриб	помидор
кукуруза	гриб
брокколи	сыр

Интересно, что бы ты добавил/добавила в свой омлет? А с чем вкусно твоим маме и папе?

Посчитаем, сколько яиц в каждом лотке.

Прежде чем приступать к делу, познакомимся с кухонными принадлежностями, которые будут помогать нам в приготовлении вкусняшек

и отгадаем загадки про некоторые из этих предметов.

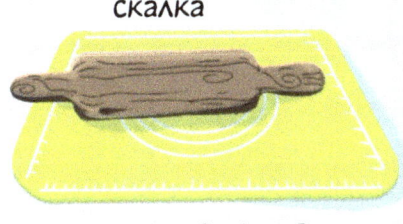
скалка

сковорода

прихватки

силиконовый коврик

форма для кекса «колечко»

формочки для печенья

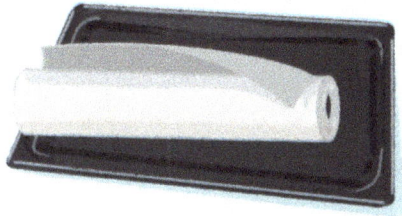
противень и пергамент

форма для кекса «кирпичик»

квадратная форма для брауни

форма для маффинов

 бумажные вкладыши

Спираль стальная эта
Отлично крем взбивает.
Названье инструмента
Из вас кто отгадает?

веничк (венчик)

Апельсиновые кексы

Ингредиенты (на 12 штук):

- апельсиновый сок — 1/4 чашки
- цедра 1 апельсина
- сахар — 1/2 + 1/4 чашки
- сливочное масло несолёное, мягкое — 1/2 чашки (113 грамм)
- 3 яйца
- мука пшеничная — 1 + 1/2 чашки
- разрыхлитель — 1 + 1/2 чайной ложки

Используем мерные чашки и ложки.

Творческий процесс

1. Достаём масло и яйца из холодильника. Моем апельсин, натираем цедру и выжимаем сок.

2. Смазываем маслом форму для кексов или вставляем бумажные формочки. Разогреваем духовку до 355 °F (180 °C).

3. В глубокой миске взбиваем мягкое масло с сахаром. Добавляем цедру и апельсиновый сок, аккуратно перемешиваем.

4. В отдельной миске взбиваем яйца и вливаем их в масляную смесь. Перемешиваем.

5. Просеиваем муку с разрыхлителем и постепенно добавляем в тесто, перемешивая лопаткой до кремообразной консистенции.

6. Наполняем формочки тестом (не до верха).

7. Выпекаем 20–25 минут. Проверяем готовность деревянной шпажкой (если шпажка сухая — кексы готовы).

8. Достаём кексы из духовки и оставляем остывать. Украшаем по желанию.

Приятного чаепития!

Апельсиново-клюквенные сконы

Ингредиенты:

- цедра 1 апельсина
- мука пшеничная — 2 чашки
- разрыхлитель — 1 + 1/2 чайной ложки
- сахар — 1/3 чашки
- соль — 1/2 чайной ложки
- сливочное масло холодное, кубиками — 1/2 чашки (85 грамм)
- сливки холодные — 1/2 чашки
- клюква сушёная или свежая — 2/3 чашки
- шоколадные капли — 1/3 чашки

Используем мерные чашки и ложки.

Творческий процесс

1. Моем апельсин и снимаем тёркой цедру.
2. В глубокой миске просеиваем муку и разрыхлитель. Добавляем сахар, соль и цедру.
3. Масло нарезаем кубиками и перетираем с сухими ингредиентами в крошку.

4. Вливаем холодные сливки и быстро замешиваем тесто. Добавляем клюкву, шоколадные капли и вмешиваем в тесто.
5. Разогреваем духовку до 375 °F (190 °C). Формируем из теста круглую лепёшку толщиной около 4 см, разрезаем её на 6–8 треугольников.

Для глазури смешиваем 1/3 чашки сахарной пудры и 1 столовую ложку лимонного сока.

6. Переносим сконы на противень, застеленный пергаментом, оставляя между ними небольшое расстояние. Выпекаем 20–25 минут до золотистого цвета.
7. По желанию присыпаем сахарной пудрой или поливаем глазурью.

Приятного чаепития!

Жёлтый цитрусовый плод
В странах солнечных растёт.
Но на вкус кислейший он,
А зовут его … .

ЛИМОН

Круглый, вкусный, ароматный
И на вкус такой приятный.
Он похож на мандарин...
Что же это?...

АПЕЛЬСИН

У апельсинов сок сладкий, у лимонов — кислый. Наши слова — такой себе «сок»: они могут быть «сладкими», а могут и «кислыми».

Какими словами тебе хочется делиться сегодня?

Поможешь Тобби решить эти задания?

Лимонно-маковый кекс

Ингредиенты:

- мука пшеничная — 2 чашки
- мак — 4 чайные ложки
- сода — 1 чайная ложка
- разрыхлитель — 1/2 чайной ложки
- соль — 1/4 чайной ложки
- 1 яйцо
- сахар — 1/2 + 1/4 чашки
- растительное масло — 1/3 чашки
- сметана или греческий йогурт — 1/3 чашки
- молоко — 1/3 + 1/3 чашки
- лимонный сок — 3 столовые ложки
- цедра лимона — 1 столовая ложка

Творческий процесс

1. В большой миске просеиваем муку, добавляем мак, соду, разрыхлитель и соль, — всё перемешиваем.
2. В другой миске разбиваем яйцо, добавляем весь сахар и взбиваем миксером до лёгкой пены.
3. Вливаем растительное масло, сметану (или йогурт), молоко, лимонный сок и добавляем цедру. Всё аккуратно перемешиваем.

4. Соединяем жидкие ингредиенты с сухими и тщательно вымешиваем тесто.
5. Разогреваем духовку до 350 °F (180 °C).
6. Смазываем форму для выпечки маслом и заполняем её тестом.
7. Выпекаем 45–50 минут, проверяем готовность деревянной шпажкой.
8. Достаём кекс из духовки и даём ему полностью остыть.
9. При желании поливаем глазурью.

Для глазури смешиваем 1/3 чашки сахарной пудры и 1 столовую ложку лимонного сока.

Приятного чаепития!

Льётся речка — мы лежим,
Лёд на речке — мы бежим.

КОНЬКИ

Во дворе катали ком,
Шляпа старая на нём.
Нос приделали, и вмиг
Получился...

СНЕГОВИК

Побеседуем?

Если бы можно было попасть в эту зимнюю картинку, в каком месте тебе хотелось бы оказаться?

Интересно, кого фотографирует папа Медведь? Как ты думаешь, зачем вообще фотографируют?

По каким признакам можно понять, что взрослые на этой картинке заботятся о детях? О ком ты можешь позаботиться?

Считалка

На дрожжах поставим тесто,
И теплей поищем место.
Тесто, тесто, подходи!
Пекарь, пекарь, не спеши.

А сейчас немного пофантазируем.
Представь себя маленьким медвежонком.
Кого ты позовешь в гости на пирог?

Внимательно рассмотрим картинки и найдём в них 10 отличий.

Имбирное печенье «Ёлочка»

Ингредиенты:

- мука пшеничная — 3 чашки
- корица молотая — 1 чайная ложка
- имбирь молотый — 1 чайная ложка
- разрыхлитель — 1 + 1/2 чайной ложки
- сливочное масло — 9 столовых ложек (127 грамм)
- мёд — 1/2 чашки
- 1 яйцо
- шоколад или глазурь
- посыпка или сухофрукты

Используем мерные чашки и ложки.

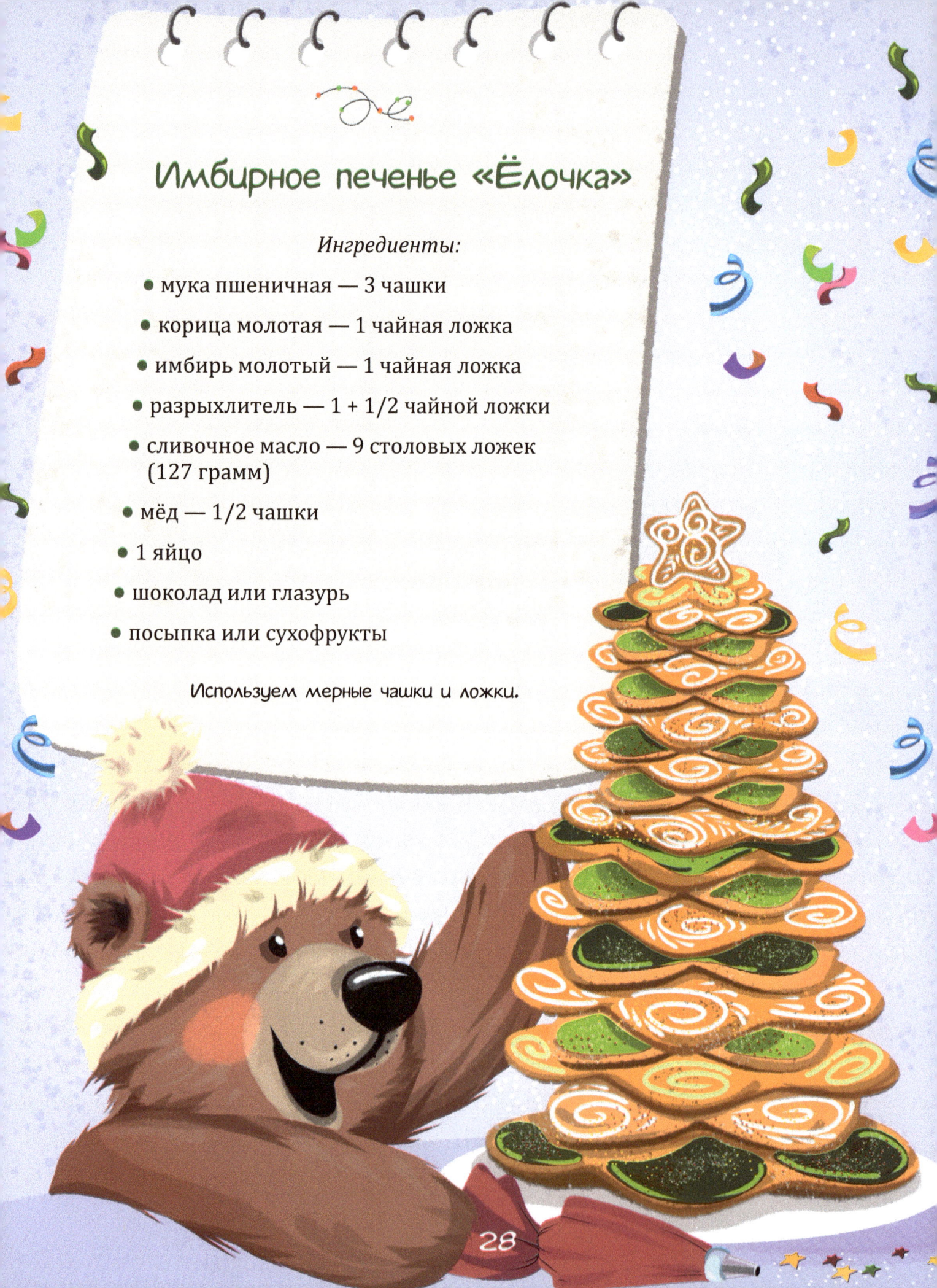

Творческий процесс

1 Застилаем противень пергаментной бумагой.

2 В глубокой миске просеиваем муку, корицу, молотый имбирь и разрыхлитель. Перемешиваем.

3 Нарезаем холодное масло кубиками и перетираем с мукой до состояния крошки.

4 В небольшой миске взбиваем яйцо с мёдом.

5 Вливаем яично-медовую смесь в мучную крошку и замешиваем тесто. Если слишком липкое, подсыпаем немного муки.

6 Включаем духовку на 350 °F (180 °C).

7 На пергаменте раскатываем тесто толщиной 4–5 мм и вырезаем по две звёздочки каждого размера, оставляя небольшое расстояние между ними. Убираем лишнее тесто.

8 Выпекаем 7–9 минут: как только почувствуем приятный аромат, — достаём, чтобы печенье не пересохло.

9 Растапливаем глазурь (следуя инструкции на упаковке) и наполняем кондитерский мешочек.

10 Собираем ёлочку-пирамидку, чередуя большие и маленькие звёздочки (начинаем с большой) и скрепляя их глазурью посередине. Сверху на глазурь «клеим» посыпку или цукаты.

Приятного чаепития!

По этому рецепту можно готовить печенье любой формы.

Медвежата готовят имбирные пряники. Поможем им сделать праздничный декор: соединим каждый пряник с его силуэтом.

Рассмотрим картинку вместе и найдём одинаковые предметы.
Подсказка: здесь есть 5 предметов без пары.

Тихий час помогает мыслям успокоиться...
Всем нужны паузы.
Когда мы отдыхаем, мы как будто растём изнутри и лучше чувствуем, что на самом деле важно.

Тобби и Лили решили угостить друзей печеньем. Удалось ли им разделить угощения поровну?

А сейчас поможем медвежатам найти свою ёлочку на праздник.

Давай вместе посмотрим на эту зимнюю ночь.

О чём, как ты думаешь, шепчутся птички на заснеженной ветке?

Как, по-твоему, чувствует себя папа Медведь, пока тянет елку: гордится, радуется или немного устал?

Если представить, что можно попасть в эту картинку, где бы тебе хотелось оказаться?

Как ты думаешь, что чувствуют медвежата?

Если бы можно было спросить о чем-то папу Медведя, каким бы был твой вопрос?

Как ты думаешь, что будут делать медвежата, когда доберутся до своего уютного домика?

Какую праздничную традицию ты видишь на этой картинке?

А какие традиции есть у вашей семьи в это время года?

Как ты думаешь, что внутри этих подарков и для кого они?

А если бы один подарок оказался для тебя — что бы ты хотел найти внутри?

Плетёнка «Рождественский веночек»

Ингредиенты:

- творог — 150 грамм
- сахар — 1/3 чашки
- 1 яйцо
- растительное масло — 3 столовые ложки
- мука пшеничная — 1/2 + 1/4 чашки
- разрыхлитель — 1 чайная ложка
- щепотка соли
- маковая начинка, любимое варенье или джем

Используем мерные чашки и ложки.

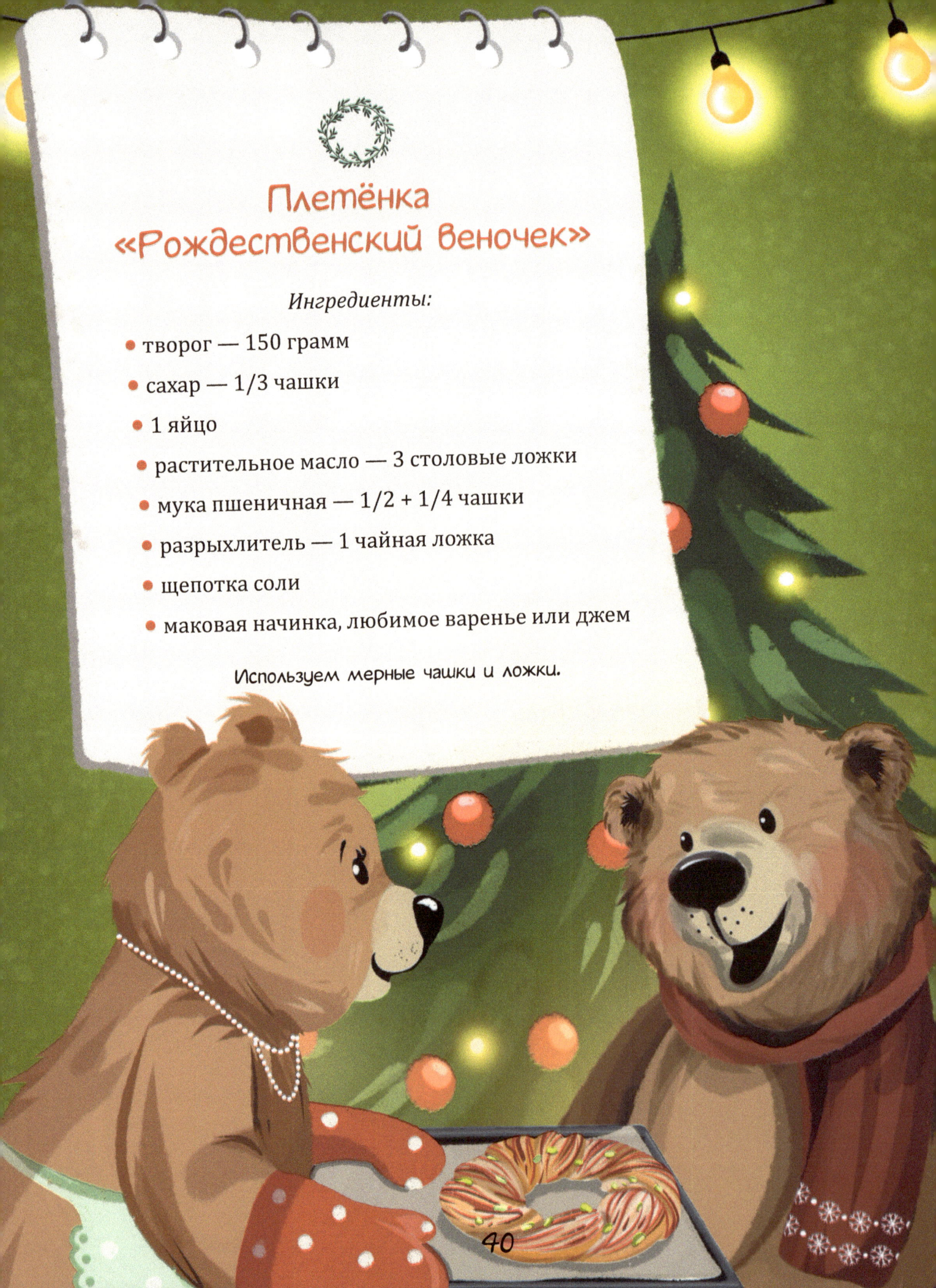

Творческий процесс

1. В большой миске смешиваем все ингредиенты, кроме муки и разрыхлителя.
2. Просеиваем муку с разрыхлителем, всыпаем к творожной массе и замешиваем мягкое тесто. Возможно, понадобится ещё немного муки, так как творог бывает разный.
3. Включаем духовку на 350 °F (175 °C).
4. Раскатываем тесто в прямоугольник, равномерно распределяем начинку и аккуратно заворачиваем в рулет.

5. Разрезаем рулет пополам вдоль и переплетаем две части между собой, чтобы получился венок. По желанию посыпаем измельчёнными орешками.
6. Аккуратно перекладываем на противень и выпекаем примерно 40 минут. Достаём и оставляем немного остывать. Разрезаем и наслаждаемся.

Можно заменить авокадо на спелые бананы (1 чашка), но тогда стоит добавить 2–3 столовые ложки растительного масла и уменьшить сахар до 1/2 чашки.

Брауни «Ёлочка»

Ингредиенты:

- 2 спелых авокадо ≈ 1 чашка пюре
- сахар кокосовый или коричневый — 1 чашка
- какао-порошок — 1/2 чашки
- 3 яйца
- рисовая мука — 1/2 чашки
- сода — 1/2 чайной ложки
- щепотка соли
- ванильный экстракт — 1 чайная ложка
- шоколадная крошка — 1/2 чашки
- шоколадная глазурь
- соломка или леденец в виде посоха
- посыпка

Используем мерные чашки и ложки.

Творческий процесс

1. Включаем духовку на 350 °F (175 °C).
2. Моем авокадо, снимаем кожуру, достаём косточку. Разминаем вилкой в пюре. Всыпаем сахар и взбиваем миксером до однородности.
3. Продолжая взбивать, по одному добавляем яйца и ваниль.
4. В другой миске смешиваем какао-порошок, рисовую муку, соду и щепотку соли.
5. Всыпаем сухую смесь в авокадовую массу и аккуратно перемешиваем до однородного теста.

6. При желании добавляем шоколадные капли и слегка перемешиваем.
7. Форму 20 × 20 см (8 × 8 inches) застилаем пергаментом и заполняем тестом.
8. Выпекаем 25–30 минут: готовность проверяем деревянной шпажкой — она должна выходить слегка влажной, но без сырого теста.

9. Охлаждаем брауни в форме минимум 30 минут, затем переносим на дощечку и разрезаем на треугольники (как на картинке).
10. Растапливаем глазурь, наполняем ею кондитерский мешок, срезаем кончик. Рисуем ёлочки, украшаем посыпкой и вставляем «стволы».

Приятного чаепития!

Шоколадные ёлочки

Ингредиенты:

- 15 солёных или сладких палочек (соломка)
- 1 чашка зелёной шоколадной глазури
- посыпка.

Глазурь может быть любого цвета, а палочку можно заменить на пластиковую или деревянную.

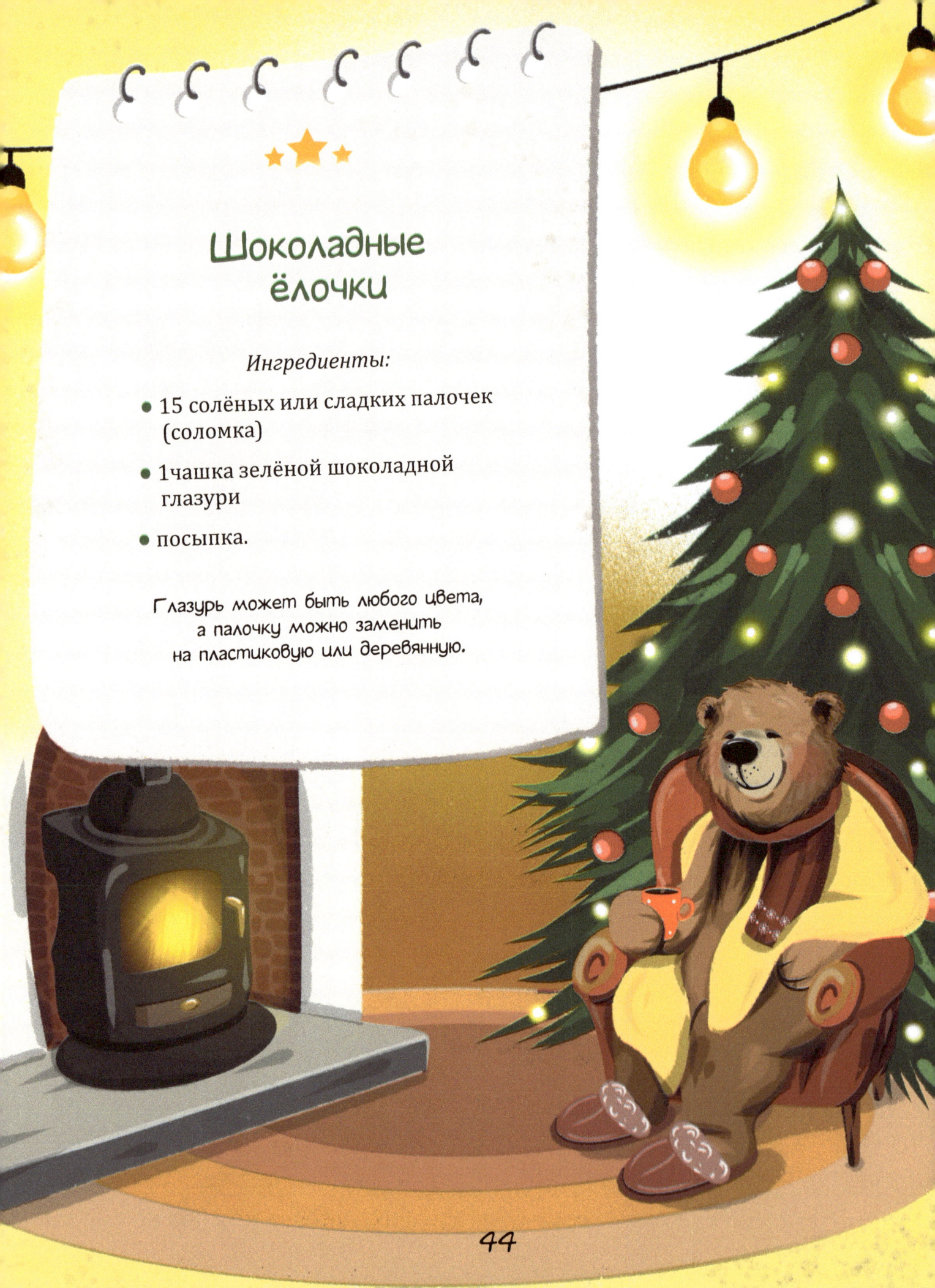

Творческий процесс

1. Застилаем доску пищевой плёнкой или пергаментом и выкладываем палочки, оставляя между ними 5–7 см.
2. Растапливаем шоколадную глазурь по инструкции на упаковке.
3. Наполняем кондитерский мешок глазурью и обрезаем кончик.
4. На каждой палочке-«стволе» рисуем глазурью ёлочку.
5. Сразу декорируем посыпкой и оставляем до полного застывания.

Такие ёлочки также можно использовать как украшение праздничного торта или кексов.

Песочное печенье «Веночки»

Ингредиенты:

- сахар — 1/3 чашки + 1 столовая ложка
- щепотка соли
- сливочное масло мягкое — 11 чайных ложек (~150 грамм)
- 1 яйцо
- мука пшеничная — 2 чашки
- разрыхлитель — 1 чайная ложка
- 1 яичный белок (для смазывания)
- фисташки и сухофрукты рубленные — около 150 грамм

Используем мерные чашки и ложки.

Творческий процесс

1. В большой миске смешиваем сахар, соль и мягкое масло. Взбиваем миксером 3 минуты.
2. Добавляем яйцо и взбиваем ещё минуту.
3. Просеиваем муку с разрыхлителем, всыпаем в миску и собираем тесто в шар. Если тесто жидковато, добавляем немного муки.
4. Заворачиваем тесто в пищевую плёнку и охлаждаем в холодильнике 30 минут.

5. Включаем духовку на 350 °F (180 °C).
6. С помощью ножа измельчаем фисташки и сухофрукты.
7. Отделяем яичный белок от желтка, взбиваем белок вилкой в небольшой миске.
8. Присыпаем пергаментный лист мукой, раскатываем тесто и вырезаем формочкой кружочки. Внутри каждого вырезаем круг меньшего размера, чтобы получилось колечко.

9. Смазываем каждое кольцо взбитым белком, обсыпаем фисташками и сухофруктами.
10. Выпекаем 15 минут, пока печенье не приобретёт лёгкий золотистый оттенок. Даём остыть.

В классическом рецепте печенье украшают мелко рубленым арахисом.

А сейчас рассмотрим картинки и найдём в них 10 отличий.

Посмотрите на небо, мои любимые.
Вон там — первая звёздочка.

Когда-то, в давние времена,
на небе засияла особенная звезда —
та, что указала путь к маленькому Иисусу.
Она стала подарком надежды для всего мира.

И каждая звёздочка, что появляется с тех пор, —
будто напоминание:
«Любовь рядом. Бог рядом».

Иногда в сердце живёт какое-то чувство.
Тихое, не всегда понятное, но очень настоящее...
Или желание. Или мысль. Или мечта.
Об этом можно рассказать Богу —
Он всегда слышит.
И всё, что важно для нас,
важно и для Него.
Мы никогда не одни...
Мне нравится так думать.

А теперь, мои любимые, пора спать...
Пусть сны будут нежными,
одеяло — тёплым,
а сердечко — полным света.
Дорогой Бог, благослови эту ночь и всех нас...

Добрых снов!

Печенье с кракелюрами (трещинками)

Ингредиенты:

- мука пшеничная — 1 + 1/4 чашки
- какао-порошок — 1/3 + 1/3 чашки
- разрыхлитель — 1 чайная ложка
- щепотка соли
- сахарная пудра — 2 чашки
- сливочное масло холодное — 1/4 чашки (60 грамм)
- 2 яйца
- сахарная пудра для обсыпки — 1 чашка

Используем мерные чашки и ложки.

Творческий процесс

1. В глубокой миске просеиваем муку, какао, разрыхлитель, соль и сахарную пудру.

2. Нарезаем холодное масло кусочками и перетираем с мукой до состояния мелкой крошки.

3. В отдельной миске слегка взбиваем яйца, вливаем их в тесто и хорошо перемешиваем.

4. Накрываем миску плёнкой и убираем в холодильник на 30 минут.

5. В небольшую миску просеиваем оставшуюся чашку сахарной пудры.

6. Включаем духовку на 350 °F (180 °C).

7. Достаём тесто, отщипываем кусочки размером с грецкий орех, формируем шарики и тщательно обваливаем их в сахарной пудре.

8. Выкладываем шарики на противень, застеленный пергаментом, оставляя между ними 5 см. Выпекаем 10–12 минут.

9. Достаём печенье из духовки, даём остыть на противне.

Приятного чаепития!

Давай рассмотрим предметы-помощники на кухне и придумаем свои собственные загадки.

Например:
Он может измельчать, тереть, взбивать, смешивать и крошить. С ним всё получается быстрее!

КУХОННЫЙ КОМБАЙН

Можно начать загадку так:

- «Этот предмет помогает...»
- «У него есть...»
- «Он умеет...»
- «Без него трудно...»

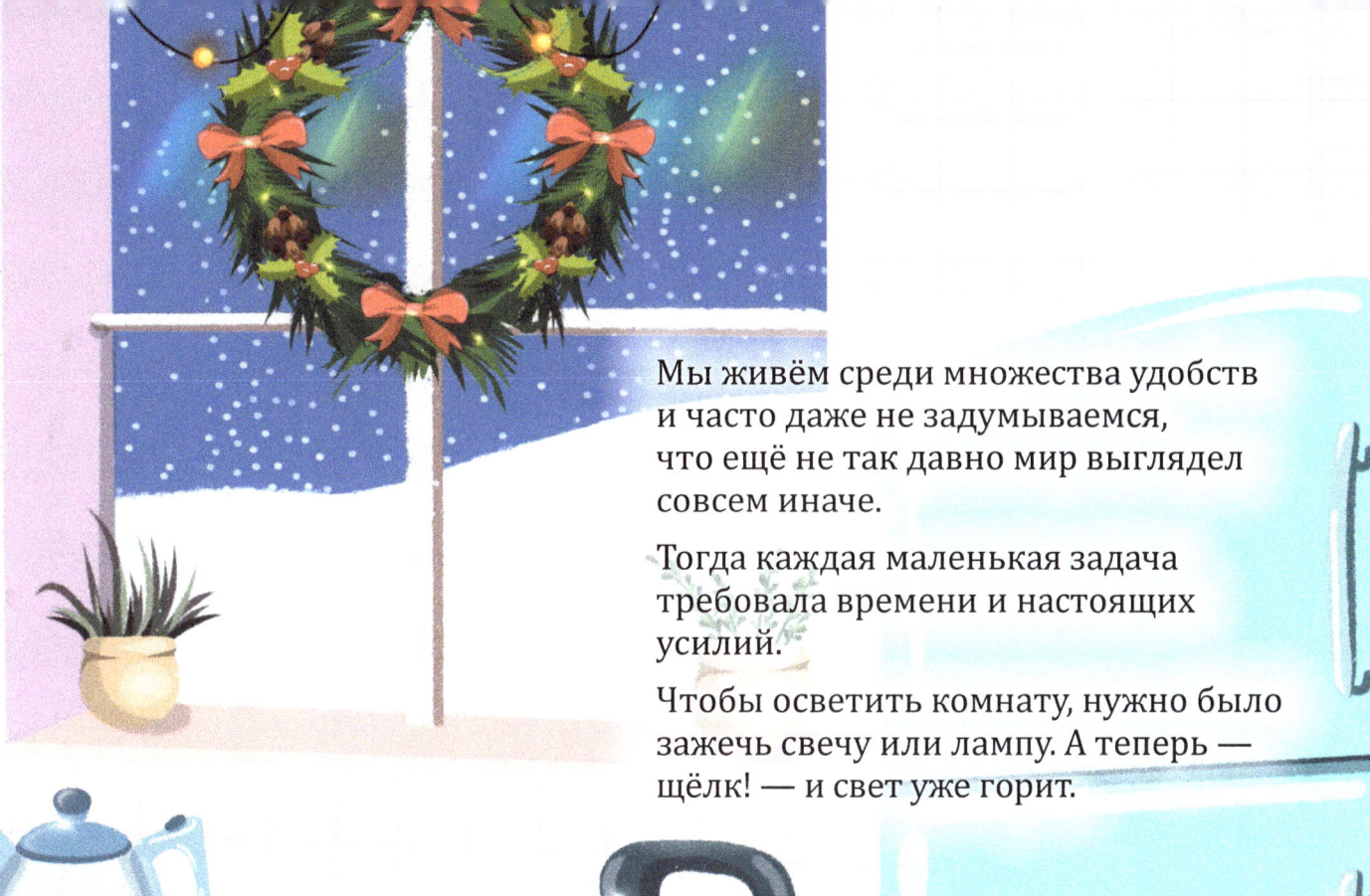

Мы живём среди множества удобств и часто даже не задумываемся, что ещё не так давно мир выглядел совсем иначе.

Тогда каждая маленькая задача требовала времени и настоящих усилий.

Чтобы осветить комнату, нужно было зажечь свечу или лампу. А теперь — щёлк! — и свет уже горит.

Чтобы набрать воды, нужно было идти к ручью или колодцу. Сегодня мы просто открываем кран.

Чтобы согреться или приготовить еду, разводили огонь. А теперь на кухне работают помощники, которые делают всё быстрее и легче.

Чайник, холодильник, духовку, тостер, кухонный комбайн, мультиварку...

Все это кто-то когда-то придумал. Возможно и ты когда-то изобретёшь что-то важное, интересное.
И, быть может, у тебя уже есть интересные идеи.

Посмотри, сколько всего вкусного!
Как ты думаешь, что медвежата будут есть сегодня на завтрак?
А на обед? А что на перекус или на ужин?

Шоколадно-клюквенное печенье

Ингредиенты:

- сливочное масло мягкое — 1/2 чашки (113 грамм)
- сахар — 1/2 чашки
- 1 яйцо
- ваниль — 1 чайная ложка
- мука пшеничная — 1+ 1/2 чашки
- сода — 1/2 чайной ложки
- лимонный сок или уксус — 1 чайная ложка
- шоколадная крошка — 1/2 чашки
- клюква сушёная — 1 чашка

Используем мерные чашки и ложки.

Творческий процесс

1. В большой миске растираем мягкое масло с сахаром. Добавляем яйцо и ваниль. Перемешиваем до однородности.

2. Просеиваем муку, отмеряем соду и выдавливаем сверху сок лимона (или наливаем уксус). Замешиваем тесто.

3. Добавляем шоколадные капли и клюкву. Перемешиваем.

4. Включаем духовку на 375 °F (190 °C).

5. Застилаем противень бумагой для выпечки или силиконовым ковриком.

6. Разделяем тесто на порции размером с грецкий орех, формируем колобки и слегка их придавливаем. Между колобками оставляем 2–3 см.

7. Выпекаем примерно 15 минут до лёгкого золотистого цвета.

Приятного чаепития!

Можно добавить тёмный шоколад или только клюкву.

Сердечко из слоёного теста

Ингредиенты:

- слоёное тесто — 500 грамм
- шоколадно-ореховая паста или варенье — 1–1/2 чашки
- 1 яйцо (для смазывания)

Творческий процесс

1. Размораживаем слоёное тесто по инструкции на упаковке.
2. Дощечку слегка присыпаем мукой и немного раскатываем тесто.

3. Вырезаем две большие фигурки в форме сердца (с помощью формочки или ножа). Одно сердечко перекладываем на противень с силиконовым ковриком для выпечки, намазываем вареньем или пастой и накрываем вторым.
4. В центре формочкой прижимаем (но не вырезаем) круг или сердце. От центра к краю нарезаем полосочки-лучики и скручиваем спиралью.

5. В маленькой миске взбиваем вилкой яйцо и смазываем верх сердечка.
6. Включаем духовку на 390 °F (200 °C). Выпекаем 20–25 минут до золотистой корочки.

Приятного чаепития!

В каждом сердце живёт любовь.
Но каждый чувствует любовь и делится ею по-своему.
Эти способы называют «языками любви», и их пять.
Это — объятия, тёплые слова, подарки,
помощь и время, проведённое вместе.
Давай узнаем, на каких языках любви «говорят» в медвежьей семье.

Тобби очень любит обниматься — так он сильнее всего чувствует любовь, и таким способом ему легче сказать: «Я тебя люблю».

По какой дорожке Тобби побежит, чтобы обнять маму?

Лили лучше всего чувствует любовь через слова: ей важно слышать комплименты, благодарность, для неё особенно ценны моменты, когда её поддерживают и хвалят.
Ей легко «любить словами».

Давай прочитаем «слова любви», написанные на сердечках. Как ты думаешь, какие ещё слова можно добавить?

Помощь и забота — это язык любви мамы Медведицы.
Лили и Тобби хотят сказать маме: «люблю» на её языке.
Пока мама читает, Тобби вытирает полки,
а Лили наводит порядок в кухонном шкафчике.

Что не на своём месте на полках? Поможем Лили расставить всё на свои места!

Для папы Медведя любовь — это время, проведённое вместе: вдвоём, втроём и всей семьёй. Когда все готовят что-то вкусненькое вместе, как на этих картинках, это особенно приятно. Интересно, найдём ли мы тут 5 отличий...

А как ещё можно проводить время вместе с семьёй?

Бабушка медвежат «разговаривает» языком подарков. Тобби и Лили подготовили для неё что-то особенное. Давай поможем доставить их подарочек с любовью: пройдём по цветовому коду 💚💛❤️ и узнаем, в каком домике она живёт.

Если мы хотим, чтобы кто-то по-настоящему услышал наше «я тебя люблю», стоит сказать это на его или её родном языке любви.

Поучимся складывать салфетки в форме сердца и украсим ими праздничный стол.

Всё, что делаешь, делай с любовью.

Попробуем соединить имбирные пряники в пары с помощью коротких ниточек, карандашей или палочек-зубочисток.

Ягодно-миндальный кекс

Ингредиенты:

- цедра 1 апельсина
- 5 яиц
- ванильный экстракт — 1 чайная ложка
- сахар или сахарозаменитель — 1/2 чашки
- сливки — 3 столовые ложки
- сливочное масло или кокосовое — 3 столовые ложки
- миндальная мука — 2 чашки
- кокосовая мука — 2 столовые ложки
- разрыхлитель — 1 + 1/2 чайной ложки
- клюква свежая или замороженная — 1/2 чашки

Используем мерные чашки и ложки.

Творческий процесс

1. Смазываем форму для выпечки маслом.
2. Моем апельсин и натираем его на мелкой тёрке.
3. Разогреваем духовку до 350 °F (175 °C).
4. В глубокой миске разбиваем яйца, добавляем ваниль, сахар (или заменитель) и взбиваем миксером 2–3 минуты.
5. Добавляем сливки и мягкое масло. Продолжаем взбивать ещё минутку.
6. В маленькой миске смешиваем два вида муки и разрыхлитель. Всыпаем всё в жидкую смесь и перемешиваем лопаткой.
7. Добавляем ягоды и цедру. Аккуратно перемешиваем и наполняем форму.
8. Выпекаем 45–50 минут. Достаём, даём остыть.
9. Можно украсить кекс белой глазурью или присыпать сахарной пудрой.

Приятного чаепития!

Если нет формы для кекса-кольца, можно выпекать в форме «кирпичика».

♪♪♪♪♪♪♪♪

Тилли-тилли, тилли-бом!
Убираем мы свой дом,
Чтобы чисто было в нём.
Убираем мы свой дом.

Рассмотрим историю в рисунках. В каком порядке происходили события?

Ужин — особенное время для семьи медведей. Это не только про вкусную еду, но и про тёплые разговоры — когда можно не спеша рассказать, как прошёл день, и внимательно выслушать друг друга.

Так приятно делиться с родными тем, что важно для нас: тем, что мы увидели, услышали, почувствовали, узнали или сделали; что нас порадовало или огорчило; что удивило; где мы справились, а в чём ещё не достигли успеха...

Здорово, когда в семье тебя понимают и принимают, когда рядом с близкими ты можешь быть собой, чувствовать любовь — и дарить её.

А когда ты ощущаешь, что тебя любят?
Что для тебя любовь?
Какая она бывает?

Прочитаем рецепт приготовления счастья, которым делится семья медвежат.

Рецепт счастья

Ингредиенты:

- 2 чашки добрых слов
- 3 столовые ложки тёплых объятий
- 1 чашка времени, проведённого вместе
- 5 чайных ложек помощи и заботы
- 2 маленьких подарочка от чистого сердца

Творческий процесс

1. Щедро отмеряем добрые слова, чтобы создать тёплую атмосферу. Обязательно просеиваем их через сито честности и искренности.
2. Тщательно перемешиваем с объятиями и улыбками, чтобы стало нежно и уютно.
3. Постепенно добавляем время, проведённое вместе, чтобы счастья стало ещё больше.
4. Добавляем помощь и заботу — они придают блюду особый вкус.
5. Украшаем маленькими подарочками — даже простой рисунок или записка сделают счастье ярче.
6. С любовью и благодарностью выпекаем до готовности. Готовность проверяем сердцем: если мы чувствуем гармонию — блюдо готово.

Наслаждаемся своей жизнью!

Теперь время составить свой собственный рецепт счастья!
Как ты хочешь отмерять эти особенные «ингредиенты»?
Может быть, тебе захочется зачерпнуть большую чашку объятий
или времени вместе? А сколько подарков ты добавишь?
Сколько помощи и заботы? А добрых слов?

тёплые объятия

время вместе

добрые слова

помощь и забота

подарочки с любовью

Здесь не бывает неправильных «ингредиентов», ведь это — твой собственный рецепт.

Зимний тропический кекс

Ингредиенты:

- пшеничная мука — 3 чашки
- соль — 3/4 чайной ложки
- сода — 1 чайная ложка
- сахар — 2 чашки
- молотая корица, имбирь, мускатный орех — по 1/2 чайной ложки каждой специи
- рубленые грецкие орехи — 1 чашка
- 3 слегка взбитых яйца
- растительное масло — 1 чашка
- пюре из спелых бананов — 1 чашка
- консервированный ананас кусочками — 1 банка (230 граммов)
- ванильный экстракт — 2 чайные ложки
- кокосовая стружка — 1 чашка
- сушёная вишня, клюква, цукаты — всего 1 чашка

Используем мерные чашки и ложки.

Творческий процесс

1. Смазываем маслом две формы для хлеба.
2. Разогреваем духовку до 350 °F (175 °C).
3. В большую миску просеиваем муку, добавляем соль, соду, сахар и специи. Перемешиваем.
4. Добавляем остальные ингредиенты из списка. Перемешиваем до однородной консистенции.
5. Наполняем формы и выпекаем примерно 45–50 минут (готовность проверяем зубочисткой: если она выходит из центра кекса сухой — он готов).
6. Достаём кекс из духовки, даём ему остыть 10–15 минут и вынимаем из формы на досочку. Нарезаем, когда полностью остынет.

Приятного чаепития!

По желанию кекс можно присыпать сверху сахарной пудрой или покрыть глазурью и кусочками фруктов.

Ой, ладушки-ладушки

Ой, ладушки-ладушки,
Испечём оладушки,
На окно поставим,
Остывать оставим.
А остынут — поедим
И воробушкам дадим.
Воробышки сели,
Оладушки съели,
Оладушки съели —
Шшу-у-у! — и улетели.

Найдём первую букву твоего имени и украсим ею особую оладушку. Можем нарисовать её мёдом, вареньем, шоколадом или выложить кусочками фруктов и ягод.

Если хочешь, можно сделать именные оладушки и для тех, кого ты любишь.

Иногда мы так спешим, что не замечаем, как много вокруг доброго и красивого. Каждый день рядом с нами происходят маленькие чудеса. Стоит лишь остановиться и внимательно присмотреться.

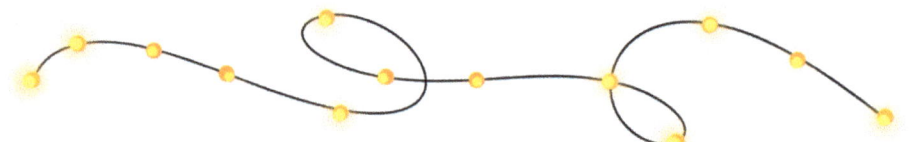

СТРАНИЦЫ ДЛЯ РОДИТЕЛЕЙ

Дорогие мамы и папы маленьких читателей и читательниц, я невероятно рада, что мы встретились. 🙂 И что эта книжка уже в ваших руках. Верю, что идеи с её страниц вдохновят вас на совместное творчество, результатом которого станет не только вкусная выпечка, но и настоящая эмоциональная близость — крепкий контакт с собой и с детьми.

Пусть эти 13 рецептов, а также иллюстрации, стихи, загадки, лабиринты и другие задания станут для вас мостиком к этой близости. Пусть они способствуют искренним разговорам, помогают создать гармоничную домашнюю атмосферу, чтобы и родительство, и детство были радостью. 🙏

Эта зимняя книжка — первая в серии, которая объединяет все четыре сезона года.

Её главная тема — ценность семьи и времени, проведённого вместе. Уютные картинки с членами медвежьей семьи нежно напоминают о том, что действительно важно.

Здесь вы найдёте целый раздел, посвящённый любви. Вдохновлена книгой Гэри Чепмена «Пять языков любви», я хотела показать на примере семьи медведей, как по-разному может проявляться это великое чувство. Понимание этих различий помогает лучше слышать себя и других — а значит, быть ближе.

Эта книжка напоминает о важности замедления, внутренней тишины, из которой рождается способность замечать счастье... Из которой вырастает упорядоченность мыслей и самой жизни.

В ней много новогодних и рождественских страниц, наполненных светом и теплом — как в картинах моего любимого художника Томаса Кинкейда. Пусть уют и гармония наполняют ваш дом и напоминают о вашем собственном свете и его Источнике.

В книжке есть особое упражнение, которое одновременно задействует оба полушария мозга. Оно может показаться простым, но очень действенно и помогает детям развивать координацию и внимание в игровой форме.

Советую попробовать этот приём и на кухне. Предложите ребёнку размешивать ингредиенты сразу в двух мисках, используя обе руки. Или одной рукой записывать, а другой перемешивать. Многие рецепты в этой книжке хорошо сочетаются с этим заданием. Такие незаметные игры мягко поддерживают гармоничное развитие мозга.

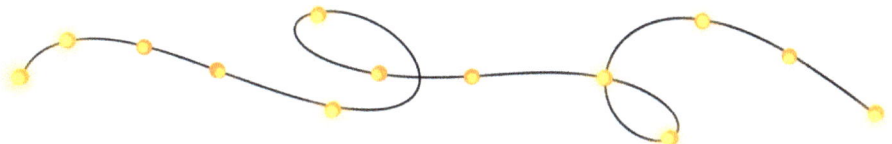

Хочу также бережно поделиться тем, что помогает мне готовить с детьми в удовольствие. Для удобства эти идеи объединила в 11 пунктов.

1. Создавать настроение.

В любом деле важен правильный настрой. Особенно в воспитании. Всегда спрашивайте себя: «Зачем я это делаю? Что хочу передать ребёнку? Какова моя долгосрочная цель?» Когда вспоминаешь о главном — о связи, близости, — суета исчезает и появляется осознанность. Эмоциональная близость работает лучше любого «кнута» или «пряника». Когда обе стороны ценят связь, легче выбирать действия, которые ведут к настоящему взаимопониманию.

2. Выбрать подходящее время.

Важно учитывать не только наличие нужных ингредиентов и условий, но и состояние ребёнка и своё. Голод, усталость или перенапряжение способны испортить даже «правильный» рецепт. Лучше заранее выбрать день, найти один свободный час — без спешки, в спокойствии — и насладиться процессом. Это создаёт ритм, а ритм — наша внутренняя опора.

3. Настроиться с ребёнком на одну волну.

Мытьё рук, надевание фартука уже приглашают в общее пространство творчества. Звуки металлофона, пальчиковая игра-приветствие, лёгкая мелодия, короткая молитва или другой маленький ритуал помогают создать это «мы»: «Пойдём потворим вместе. Я тебя вижу. Я с тобой».

4. Готовить не ДЛЯ ребёнка, а ВМЕСТЕ с ним.

Такой подход помогает мне не терять связь с собой. Дети очень хорошо чувствуют, насколько взрослый действительно увлечён процессом. Когда мне нравится то, что я делаю, — дети словно «приманиваются». И наоборот.

Книга написана в духе со-творчества — чтобы даже читая рецепт, взрослый помнил: мы создаём связь.

5. Правило «3П»: плавно, постепенно, постоянно.

Для меня это напоминание — быть бережной к себе и к детям, не требовать сразу многого, начинать с простых действий, простых рецептов...

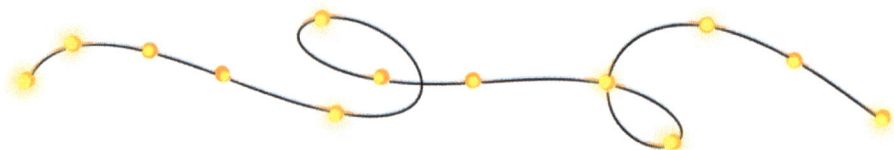

6. Создавать уютную тишину.

Не стоит превращаться в «радио», которое не замолкает ни на минуту. Детям нужны паузы — чтобы осмыслить опыт, созреть до вопросов. Моменты, когда и мы, и дети затихаем и погружаемся в процесс, — невероятно ценны.

7. Контролировать без контроля.

Чем мудрее организовано пространство, тем свободнее чувствует себя в нём ребёнок. Вовремя доверенное ему «правильное» дело создаёт условия для развития уверенности: «Я могу. У меня получается. Я способен / способна научиться всему, что захочу».

Приглашаю к «охоте» на моменты, когда ребёнку что-то удаётся: отмечайте его инициативу, старания, попытки. При этом стоит направлять его внимание вовнутрь, на его внутренние ощущения:

«Кажется, твоим пальчикам нравится мять тесто…» Поверьте, это намного полезнее и приятнее, чем исправлять. 🙂

8. Использовать песенки, считалки, загадки, стихи…

Это чудесные помощники в кулинарном процессе: с песенкой веселее прибирать, считалочка помогает решить «спорные вопросы», загадка добавит игры в процесс, маленький стих задаст настроение…

Так мы незаметно развиваем речь, память, чувство ритма у наших деток. И добавляем в процесс готовки маленькие приятные ритуалы.

9. Оставляем место для фантазии и творчества.

Следовать рецепту — важный жизненный навык. В то же время кулинария даёт пространство для творчества.

Мы не позволяем детям смешивать ингредиенты как попало, потому что учим их заботе, уважению к продуктам и осознанному использованию ингредиентов. Но творчество проявляется в других частях кулинарного процесса — выборе форм, выборе разных начинок или специй, украшении печенья или кексов. Дети могут начать с того, чтобы повторить ваш пример, а затем добавить свои собственные идеи.

Мы также можем развивать воображение через красивую подачу: сервировку стола, складывание салфеток или добавление простых декоративных элементов.

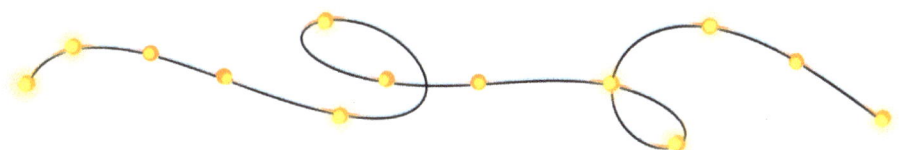

10. Отказываемся от спешки. Ценим инициативу и темп ребёнка.

Дети в возрасте примерно от трёх до семи лет могут и хотят делать всё. Но делают это медленнее, чем мы. Подарим им возможность созревать в собственном темпе. Не торопим, не исправляем каждый их шаг. И пусть инициатива никогда не будет наказуема.

11. Закрепляем позитивные эмоции.

Если всё продумано и устроено с пониманием, возникает: «Хочу ещё!». Этому способствует распределение приготовления по этапам, особенно в сложных рецептах. Например, утром можно замесить тесто и испечь печенье, а вечером украсить его.

Чем младше ребёнок, тем «мельче» должна быть его творческая задача. Сначала малыш только «пробует на вкус» деятельность, поэтому стоит позволить ему быть рядом ровно столько, сколько он сам захочет. Позже сможет творить дольше.

Все рецепты в этой книжке лёгкие и доступные, к тому же проверены мной в компании маленьких кулинаров — и в садике, и в домашних группах.

С радостью приглашаю вас и ваших малышей в мир кулинарного творчества!

Пусть эта книжка станет для вас не просто сборником рецептов, а местом встречи — с собой и с детьми.

С любовью,
Наталия Прокопчик

Благодарности

Огромная благодарность моему любимому мужу Юрию Прокопчику за поддержку моих идей на всех этапах и за создание условий для их реализации.

Благодарю талантливую художницу Анастасию Желик за создание уютных иллюстраций, которые так точно передают задуманное мной.

Искренне благодарю верстальщика Александра Дубасова за профессиональную работу и гармоничное оформление страниц.

Благодарю моё замечательное окружение — семью с детьми. Именно они вдохновили меня на создание этого проекта.

Большая благодарность родителям моих маленьких кулинаров за доверие и осознание ценности наших занятий.

Благодарю моих преподавателей, учителей, наставников за их личный вклад, вдохновение и сопровождение в моём профессиональном росте, особенно Ирину Борисовну Стеценко, Ольгу Васильевну Мельник и Елену Анатольевну Половину.

Отдельная благодарность Шалве Александровичу Амонашвили — за педагогическую мудрость, к которой я имела честь прикоснуться на его лекциях, и за многочисленные книги, ставшие для меня источником вдохновения и поддержки в профессиональной деятельности.

Я благодарна своим чудесным родителям, Василию и Татьяне Корбам, за подаренную жизнь и горячие молитвы.

Я благодарна Творцу за способность к творчеству, за все таланты и возможности, за любовь к людям.

Спасибо вам, мои дорогие читатели! Счастливого детства вам и счастливого родительства вашим мамам и папам! «Готовьте» своё счастье вместе с наслаждением.

Об авторе

Наталия Прокопчик родом из Каменца-Подольского — одного из самых живописных городов Украины, известного своей средневековой крепостью и богатым культурным наследием.

Педагог-дошкольник, выпускница Национального педагогического университета имени М. П. Драгоманова (Киев, Украина).

Автор книги «Кулинария с детьми или чуть больше», а также статей в профессиональных журналах «Дошкольное воспитание», «Палитра педагога»…

Имеет более 10 лет опыта проведения кулинарных занятий для детей: сперва в Украине, в центре раннего развития и частной школе, а позже — в городе Сакраменто, штат Калифорния, США, куда она переехала в 2016 году.

Сегодня живёт в Лас-Вегасе, штат Невада, США, где продолжает популяризировать кулинарию как педагогический инструмент гармонизации личности.

Наталия называет себя гурманкой момента, а жизнь — духовной кухней, где человек ежедневно вместе с Главным Шефом «готовит» свою жизнь. Он наделил нас правом выбора «ингредиентов» и всеми необходимыми «инструментами» для чувствования разнообразных «вкусов»…

«Гурманить» — значит жить с глубокой внимательностью, делая паузы, наполняясь благодарностью, смакуя Его благодать…

Чтобы узнать больше о её книгах, занятиях и проектах, посетите сайт www.natawithkids.com.

Готовь каждый свой день с любовью